Lösungen zum großen Python3 Workbook

Kapitel 2

Übungsaufgaben Kapitel 2:

Aufgabe 1:

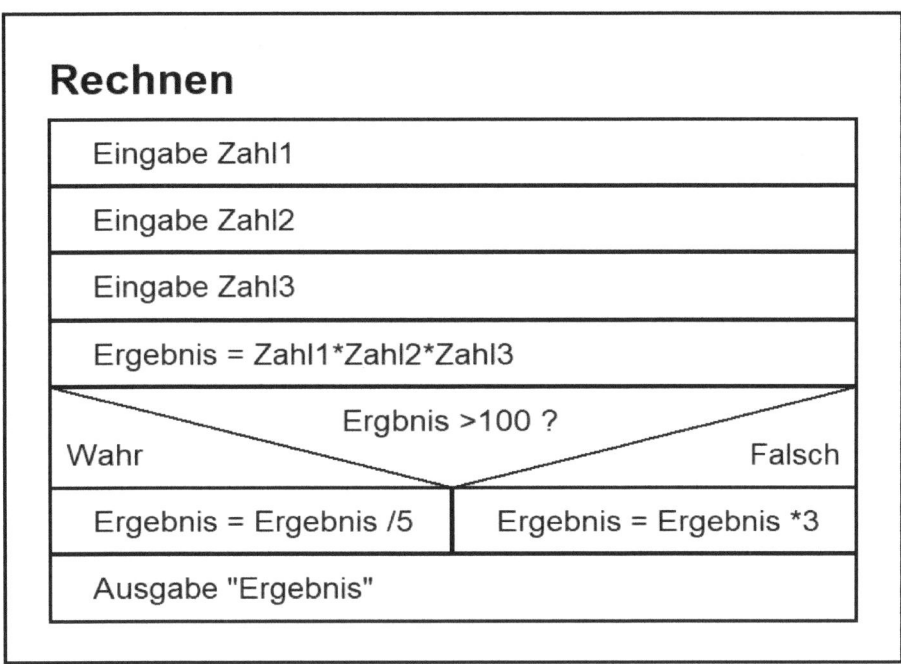

Aufgabe 2:

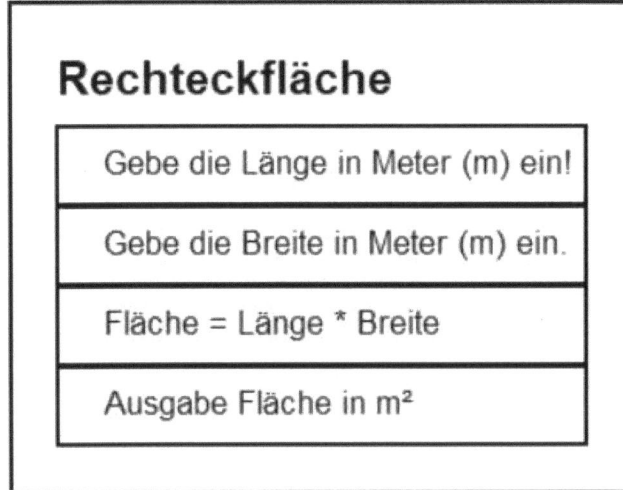

Aufgabe 3:

Flächenberechnung

Rechteck? Falls nicht, dann Kreis!	
Wahr	Falsch
Länge?	Radius?
Breite?	Umfang = 2 * 3,14 * Radius
Fläche = Länge * Breite	Fläche = 3,14 * Radius²
Umfang = 2 * Länge + 2 * Breite	Ausgabe Fläche und Umfang
Ausgabe Fläche und Umfang	

Aufgabe 4:

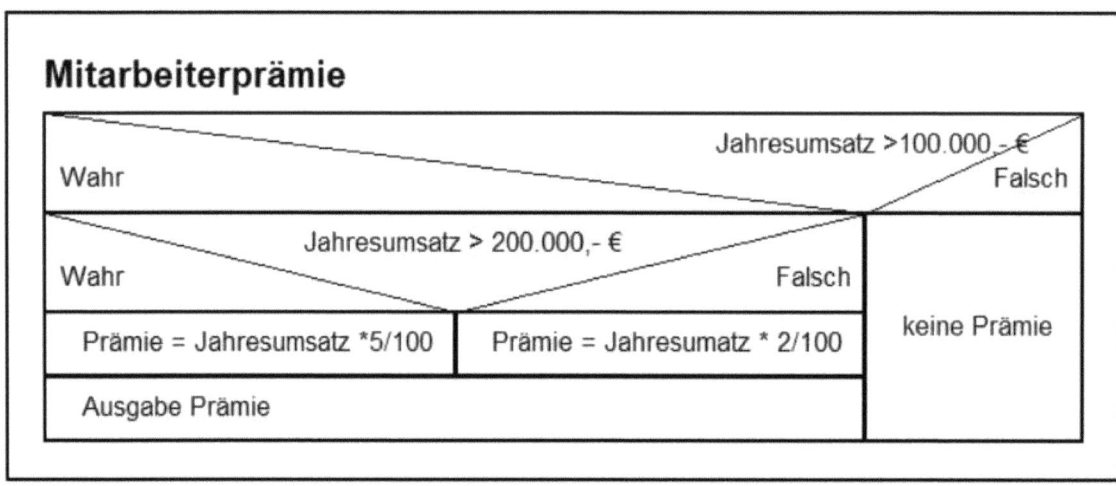

Mitarbeiterprämie

Jahresumsatz >100.000,- €		
Wahr		Falsch
Jahresumsatz > 200.000,- €		keine Prämie
Wahr	Falsch	
Prämie = Jahresumsatz *5/100	Prämie = Jahresumatz * 2/100	
Ausgabe Prämie		

Aufgabe 5:

Zinseszinsberechnung

Anlagedauer?

Anlagebetrag?

Zinssatz?

solange zähler <= Anlagedauer

> Zins = Anlagebetrag * zinssatz / 100
> Anlagebetrag = Anlagebetrag + Zins
> zähler = zähler +1
>
> Ausgabe Zins
> Ausgabe neuer Anlagebetrag

Aufgabe 6:

Mitzählen

zahl = Eingabe Zahl zwischen 1 und 10

Solange zahl <=100.000

> zahl = zahl *2

Aufgabe 7:

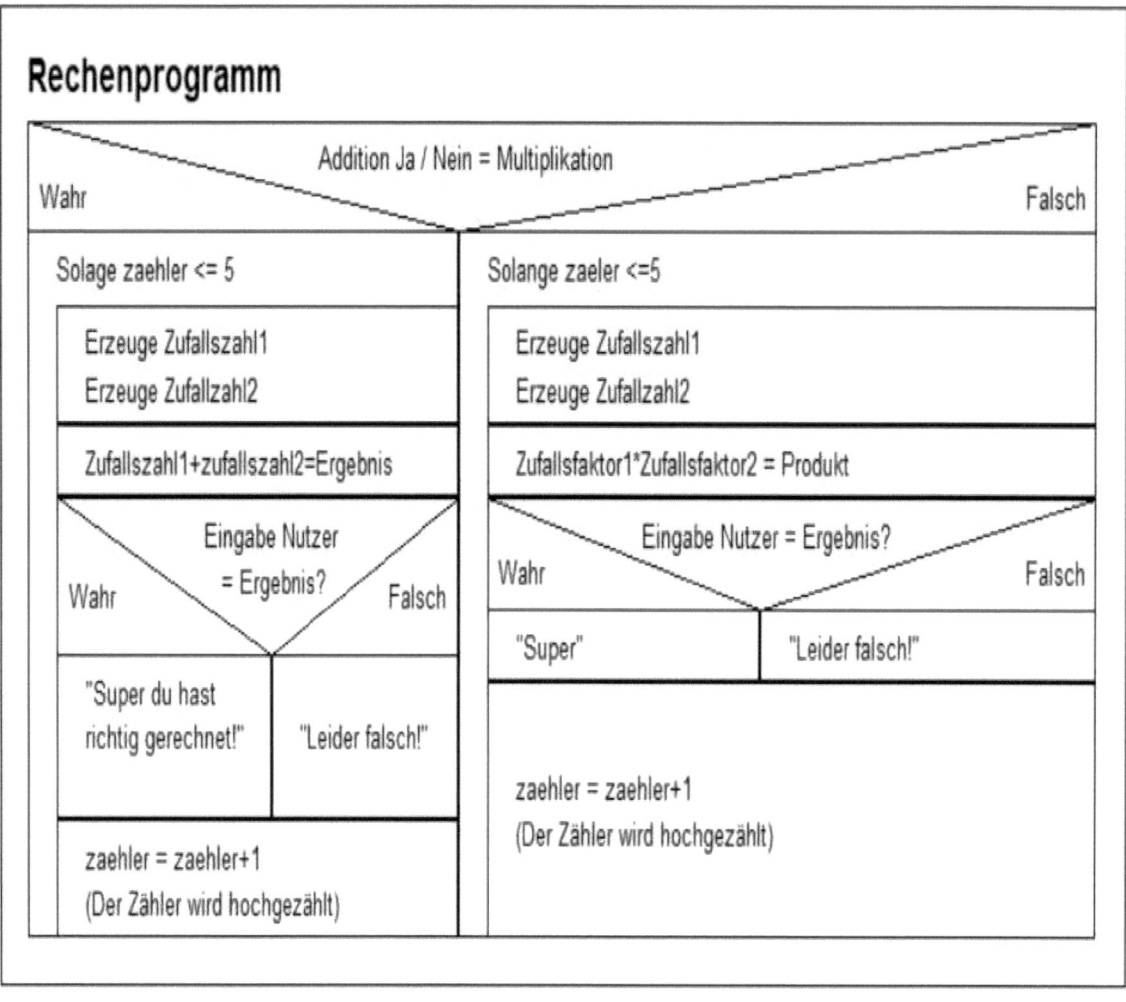

Rechenprogramm

Addition Ja / Nein = Multiplikation	
Wahr	Falsch

Solage zaehler <= 5	Solange zaeler <=5
Erzeuge Zufallszahl1 Erzeuge Zufallzahl2	Erzeuge Zufallszahl1 Erzeuge Zufallzahl2
Zufallszahl1+zufallszahl2=Ergebnis	Zufallsfaktor1*Zufallsfaktor2 = Produkt

Eingabe Nutzer = Ergebnis?	
Wahr	Falsch

"Super du hast richtig gerechnet!" — "Leider falsch!"

Eingabe Nutzer = Ergebnis?	
Wahr	Falsch

"Super" — "Leider falsch!"

zaehler = zaehler+1
(Der Zähler wird hochgezählt)

zaehler = zaehler+1
(Der Zähler wird hochgezählt)

Kapitel 3

Übungsaufgaben Kapitel 3:

Aufgabe 1:

Temperatur: temp, temperatur (gut, da aussagekräftig) → schlecht: t (missverständlich, da „t" auch oft für Zeit (time) verwendet wird.

Verkaufsmenge: vMenge, vkMenge, verkaufM

Einkaufsmenge: eMenge, ekMenge, einkaufM

Umsatzsteuer: uSt, UmSt

Rückzahlungsdifferenz: rueckdiff, rdiff, rueckzahlDiff

Aufgabe 2:
Falsch ist: a,b, d   Richtige Schreibweise: c und e

Aufgabe 3:
Ergebnis = 2

Aufgabe 4:
ergebnis1 = 2 (Restwert), % = Modulo
ergebnis2 = 14
ergebnis3 = 40

Kapitel 4

Übungsaufgaben Kapitel 4:

Aufgabe 1:
meineFamilie = ['Papa', 'Mama', ‚Sohn']
print meineFamilie
meineFamilie.append('Freunde')

Aufgabe 2:
staedte = ['Aachen', 'Berlin', 'Frankfurt', 'München']
print staedte [2]

Übungsaufgaben Kapitel 5.1:

Aufgabe 1:

a)
- Betrag eingeben
- Ist der Betrag über 2000,- €?
- Ja: Berechne Rabatt (5 %) [Betrag * 5 / 100]
- Nein: Kein Rabatt
- Kunde wohnt in Süd-Deutschland?
- Ja: Porto = 12,- €
- Kunde wohnt in Nord-Deutschland?
- Ja: Porto = 18,- €
- Gesamtbetrag = Betrag – Rabatt + Porto

b)

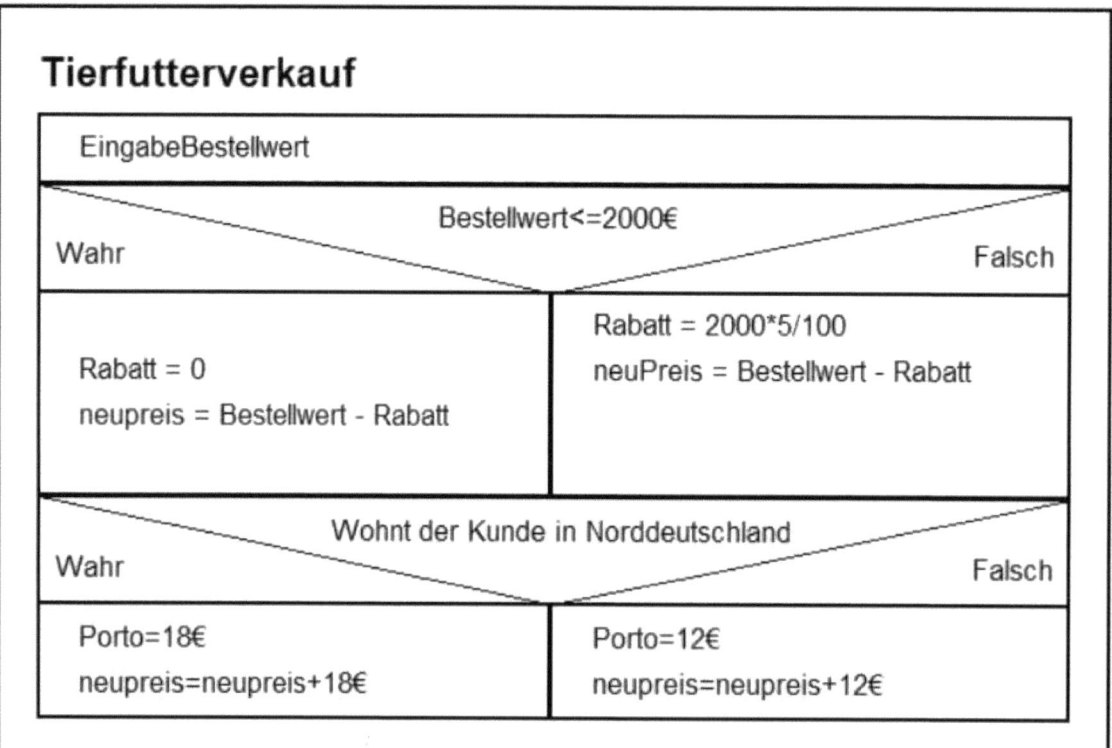

c) in Python 3
```
betrag = int(input("Geben Sie den Betrag ein!"))
if betrag > 2000:
    rabatt = betrag *5/100
else:
    rabatt = 0

wohnort = input("Geben Sie `S` ein, falls Sie in Süddeutschland wohnen, `N`für
Norddeutschland")
if wohnort == 'S':
```

```
      porto = 12
if wohnort =5= 'N':
   porto = 18

gesamtbetrag = betrag - rabatt + porto

print ("Der Gesambetrag beträgt:", gesamtbetrag)
```

Aufgabe 2:

c)
```
print "Mit dieser Software soll Ihr Gesundheitszustand ermittelt werden!"
eingabe = input("Sind Sie Nichtraucher? Eingabe Ja = J oder Nein = N")
konto = 0
if eingabe == "N":
   konto = konto+2
eingabe = input("Sind Sie Sportler? Eingabe Ja = J oder Nein = N")
if eingabe == "J":
   konto = konto+3
eingabe = input("Leben Sie auf dem Land? Eingabe Ja = J oder Nein = N")
if eingabe == "J":
   konto = konto+2
else:
   konto = konto-2
eingabe = input("Trinken Sie täglich Alkohol? Eingabe Ja = J oder Nein = N")
if eingabe == "J":
   konto = konto-5

if konto > 5:
   print ("Gratulation, Sie haben einen gesunden Lebensstil!")
else:
   print ("Sie sollten Ihren Lebensstil überdenken!")
```

Hinweis: Wie Sie sicherlich bemerkt haben, kommt das komplette Programm für die Werteeingabe mit einer Variablen aus. Die Variablen können immer wieder neu verwendet und mit neuen Werten belegt werden.

Kapitel 5.2

Übungsaufgaben Kapitel 5.2:

Aufgabe 1:

c)
```
umsatz = float(input("Geben Sie bitte den Umsatz ein!"))

if umsatz > 100000:
    bonus = umsatz *0.03+2000
elif umsatz > 50000:
    bonus = 2000

else:
    bonus = 0

print ("Bei einem Umsatz von", umsatz,"erhalten Sie einen Bonus von: ", bonus)
```

Aufgabe 2:

c)
```
x1 = int(input("Geben Sie die X-Koordinate der 1.Koordinate ein!"))
y1 = int(input("Geben Sie die Y-Koordinate der 1.Koordinate ein!"))
x2 = int(input("Geben Sie die X-Koordinate der 2.Koordinate ein!"))
y2 = int(input("Geben Sie die Y-Koordinate der 2.Koordinate ein!"))

m = (y2-y1)/(x2-x1)

b = -m*x1+y1

print ("Der Wert von b beträgt", b)
print ("Die Steigung m beträgt", m)

print ("Nun kann geprüft werden, ob eine 3. Koordinate auf der Geraden liegt")

x3 = int(input("Geben Sie die X-Koordinate der 3.Koordinate ein!"))
y3 = int(input("Geben Sie die Y-Koordinate der 3.Koordinate ein!"))

b3 = -m*x3+y3

if b3 == b:
    print ("Die 3. Koordinate liegt auf der Geraden!")
else:
    print ("Die 3. Koordinate liegt nicht auf der Geraden!")
```

Aufgabe 3:

```
print ("Sie können hier Ihren BMI ausrechnen.")

Gewicht=float(input("Geben sie Ihr Gewicht an."))
Groesse=float(input("Geben sie Ihre Größe an."))

BMI=Gewicht/(Groesse*Groesse)

if BMI>30:
    print ("Sie haben Übergewicht, welches die Gesundheit belasten kann")
elif BMI>26:
    print ("Sie haben erhöhtes Gewicht")
elif BMI>18:
    print ("Sie haben Optimalgewicht")
else:
    print ("Sie haben Untergewicht, welches die Gesundheit belasten kann")
```

Aufgabe 4:

```
print ("Sie können hier ihren Blutdruck ausrechnen")
Sy= input("Geben sie ihren systolischen Blutdruck an")
Sy=int(Sy)
Di=input("Geben sie ihren diastolischen Blutdruck an")
Di=int(Di)
if Sy < 120:
    print ("Sie haben einen optimalen Blutdruck")
if Di < 80:
    print ("Sie haben einen optimalen Blutdruck")
elif Sy < 129:
    print ("Sie haben einen normalen Blutdruck")
elif Di < 84:
    print ("Sie haben einen normalen Blutdruck")
elif Sy < 139:
    print ("Sie haben einen hoch-normalen Blutdruck")
elif Di < 89:
    print ("Sie haben einen hoch-normalen Blutdruck")
elif Sy < 159:
    print ("Sie haben milde Hypertonie(Stufe 1)")
elif Di < 99:
    print ("Sie haben eine milde Hypertonie(Stufe 1)")
elif Sy < 179:
    print ("Sie haben mittlere Hypertonie(Stufe 2)")
elif Di < 109:
    print ("Sie haben eine mittlere Hypertonie(Stufe 2)")
elif Sy < 180:
    print ("Sie haben schwere Hypertonie(Stufe 3)")
elif Di < 110:
    print ("Sie haben eine schwere Hypertonie(Stufe 3)")
```

Aufgabe 5:

```
print("Dies ist ein Programm zum ausrechen des Satz des Pythagoras")
print("Die Seiten a und b sind die Längen der am rechten Winkel anliegenden Seiten, der Katheten")
print("C ist die Länge der dem rechten Winkel gegenüberliegenden Seite, der Hypotenuse")
a=float(input("Geben Sie a an"))
b=float(input("Geben Sie b an"))
c=float(input("Geben Sie c an"))
if (a*a)+(b*b)==(c*c):
    print("Das Dreieck ist rechtwinklig")
else:
    print("Das Dreieck ist nicht rechtwinklig")
```

Aufgabe 6:

```
zahl_eins = input("Geben Sie die erste Zahl ein!")
zahl_eins = int(zahl_eins)
zahl_zwei = input("Geben Sie die zweite Zahl ein!")
zahl_zwei = int(zahl_zwei)

if zahl_zwei == zahl_eins:
    print ("Volltreffer")
elif zahl_zwei > zahl_eins:
    print ("Die 2. Zahl ist größer als die 1. Zahl")
else:
    print ("Die 1. Zahl ist größer als die 2. Zahl")
```

Kapitel 5.3

Übungsaufgaben Kapitel 5.3:

Aufgabe 1:

```
for jahr in range(2016,2201):
    restwert=jahr%4
    print("Das Jahr:",jahr)
    if restwert==0:
        print("Es handelt sich um ein olympisches Jahr")
    else:
        print("Es handelt sich um kein olympisches Jahr")
```

Aufgabe 2:

```
for i in  range (5, 55, 5):

    print (i)
```

Aufgabe 3:

```
for x in range (1,11):
    for y in range (1,11):
        ergebnis = x*y
        print ("Für", x, "*", y, "=", ergebnis)
```

Aufgabe 4:

```
y = int(input("Geben Sie die Zahl für das gewünschte Einmaleins, das Sie berechnen
wollen"))
for x in range (1,11):
    ergebnis = x*y
    print ("Für", x, "*", y, "=", ergebnis)
```

Aufgabe 5:

```
print ("Mit diesem Programm kannst du dir das Einmaleins für eine bestimmte Zahl
errechnen")
geldbetrag = float(input("Geben Sie den Geldbetrag ein!"))
zinssatz = float(input("Geben Sie den Zinssatz  ein!"))
dauer = int(input("Geben Sie die Dauer der Geldanlage ein!"))

for i in range (1 ,dauer+1):
   zins = geldbetrag * zinssatz/100
   geldbetrag = geldbetrag +zins
   print ("Im Jahr", i,"beträgt der Zins",zins,"und der Geldbetrag ist:", geldbetrag)
```

Kapitel 5.4

Übungsaufgaben Kapitel 5.4:

Aufgabe 1:

```
summe = 0
while summe <= 500:
   zahl = input("Geben Sie die nächste Zahl ein")
   summe = summe + zahl
```

Aufgabe 2:

```
geldbetrag = int(input("Geben Sie den Geldbetrag ein"))
zinssatz = float(input("Geben Sie den Zinssatz ein, wir berechnen, bis wann sich das
Kapital verdoppelt"))
kapital = geldbetrag
zaehler = 0
while geldbetrag <= kapital*2:
   geldbetrag = geldbetrag * (1+zinssatz/100)
   zaehler = zaehler +1

print ("Das Geld hat sich nach", zaehler," Jahren verdoppelt")
```

Kapitel 6

Übungsaufgaben Kapitel 6:

Aufgabe 1:

a)

```
email = input("Geben Sie die Email ein: ")

pos = email.find("@")
if pos>0:
    laenge=len(email)
    pos=pos+1
    provider=email[pos:laenge]
    print("Provider noch mit Domain:", provider)
    pos1 =provider.find(".")
    provider1=provider[0:pos1]
    print("Der Provider ist: ", provider1)

else:
    print("kein Provider ermittelbar")
```

Aufgabe 2:

```
zeichkette = input("Geben Sie die Zeichenkette, bestehend aus Klein- und
Großbuchstaben ein")

laenge = len(zeichkette)
x=0
for i in range (0,laenge):
    if ord(zeichkette[i])<91:
        x=x+1
if x>=1:
    print("Es ist mindestens ein Großbuchstabe vorhanden!")
else:
    print("Es ist kein Großbuchstabe vorhanden!")
```

Aufgabe 3:

```
zeichkette = input("Geben Sie die Zeichenkette, bestehend aus Klein- und
Großbuchstaben ein!")

laenge = len(zeichkette)
i=0
x=0
while i < laenge:
    print ("Durchlauf:", i)
    if ord(zeichkette[i])<65 or ord(zeichkette[i])>90:
        zeichkette1 = zeichkette.upper
        x=x+1
    i=i+1

if x>=1:
    print("Das Wort enthält auch noch andere Zeichen außer Großbuchstaben")
    print("Das Wort wird umgestellt")
else:
    print("Das Wort enthält nur Großbuchstaben, es muss nichts umgestellt werden!")
```

Aufgabe 4:

```
import string

passwort = input("Geben Sie das Passwort ein")
pruefzahl = 0
laenge = len(passwort)

liste= [ ]
i=0

for i in passwort:
    liste.append(i)
kriterium = 0

if laenge > 12:
    print("Länge Passwort ist korrekt")
    kriterium = kriterium + 1
else:
    print("Länge Passwort nicht korrekt")

x=0
i=0

for i in range (0, len(passwort)):
    z=ord(liste[i])
    if z<91 and z>47:
        x=x+1

print("Anzahl der Großbuchstaben", x)
if x>=1:
    print("Kriterium Großbuchstabe erfüllt!")
```

```python
        kriterium = kriterium + 1
else:
    print("Kriterium Großbuchstabe nicht erfüllt!")

i=0
x=0

for i in range (0, len(passwort)):
    z=ord(liste[i])
    if z<58 and z>47:
        x=x+1

print("Anzahl der Zahlen", x)
if x>=1:
    print("Kriterium Zahlen erfüllt!")
    kriterium = kriterium + 1
else:
    print("Kriterium Zahlen nicht erfüllt!")

i=0
x=0

for i in range (0, len(passwort)):
    z=ord(liste[i])
    if z<48 and z>32:
        x=x+1

print("Anzahl der Sonderzeichen", x)
if x>=1:
    print("Kriterium Sonderzeichen erfüllt!")
    kriterium = kriterium + 1
else:
    print("Kriterium Sonderzeichen nicht erfüllt!")

for i in range (0, len(passwort)):
    z=ord(liste[i])
    if z<48 and z>32:
        x=x+1

print("Anzahl der Sonderzeichen", x)
if x>=1:
    print("Kriterium Sonderzeichen erfüllt!")
    kriterium = kriterium + 1
else:
    print("Kriterium Sonderzeichen nicht erfüllt!")

if kriterium >=5:
    print("Alle Kriterien für das Passwort sind erfüllt!")
else:
    print("Die Passwortkriterien sind nicht erfüllt!")
```

Kapitel 7

Übungsaufgaben Kapitel 7:

Aufgabe 1:

```
def einmaleins_strich():
    print("**********")

for x in range (1,11):
    for y in range (1,11):
        ergebnis = x*y
        print (x," * ", y," = ",ergebnis)
        einmaleins_strich()
```

Aufgabe 2:

```
def zahl_multi(z1):
    erg = z1*2*3*4*5
    return erg

z1=int(input("Geben Sie z1 ein "))

erg = zahl_multi(z1)
print (erg)
```

Aufgabe 3:

```
def mittelwert(z1,z2,z3,z4):
    mw = (z1+z2+z3+z4)/4
    return mw

z1 = int(input("Gib die erste Zahl ein!"))
z2 = int(input("Gib die zweite Zahl ein!"))
z3 = int(input("Gib die dritte Zahl ein!"))
z4 = int(input("Gib die vierte Zahl ein!"))

mw = mittelwert(z1,z2,z3,z4)

if mw >50:
    print ("Wert über 50")
else:
    print ("Wert gleich oder unter 50")
```

Aufgabe 4:

Programm 1: ohne Funktion, Programm 2: Funktion ohne Parameter

Programm 3: Funktion mit Rückgabewert

Kapitel 8

Übungsaufgaben Kapitel 8:

Aufgabe 1:

```
import string

codewort=input("Geben Sie das Codewort ein:")

laenge=len(codewort)
neuesWort=" "

for i in codewort:
    if i=="A" or i=="a":
        neu=167
        neuesWort=neuesWort+chr(neu)+chr(neu)
    else:
        neu=ord(i)
        neuesWort=neuesWort+chr(neu)

print(neuesWort)
```

Aufgabe 2:

def verschiebezahl(Zeichen):
// Die Anzahl der Zeichen, um die verschoben werden soll, wird festgestellt. Gibt jemand z.B. „B" ein, dann meint er, dass jedes Zeichen eines Wortes um ein Zeichen im Alphabet verschoben werden soll. Da „B" den Wert „66" hat, ergibt die Rechnung „zahl = ord(Zeichen)-65", die Anzahl, um die die Zeichen des Wortes verschoben werden soll. In diesem Fall hat es den Wert „1".

def verschluesseltesZeichen(zeichen, schluessel):
// Die ASCII-Dezimalzahl je Zeichen des Wortes wird festgestellt. Dann wird es um die in der Funktion „def verschiebezahl" festgestellte Zahl (zeichen) verschoben.

def verschluesselterText(text, schluessel):
//Ein Text wird eingelesen. Dort wo ein Leerzeichen ist (ASCII = 32), sonst wird jedes Zeichen gemäß der Vigenere-Verschlüsselung verschlüssel.

Kapitel 9

Übungsaufgaben Kapitel 9:

Aufgabe 1:
```
import easygui
wert1 = easygui.enterbox("Wert1?")
wert1 = int(wert1)
wert2 = easygui.enterbox("Wert2?")
wert2 = int(wert2)
wert3 = easygui.enterbox("Wert3?")
wert3 = int(wert3)
wert4 = easygui.enterbox("Wert4?")
wert4 = int(wert4)
mittelwert = (wert1+wert2+wert3+wert4)/4
if mittelwert<50:
    easygui.msgbox("Der Wert liegt unter 50!")
elif mittelwert>50:
    easygui.msgbox("Der Wert liegt über 50!")
else:
    easygui.msgbox("Treffer!!!")
```

Aufgabe 2:
```
import easygui
kursarbeit1=easygui.enterbox("Note der ersten Kursarbeit?")
kursarbeit1 = int(kursarbeit1)
kursarbeit2=easygui.enterbox("Note der zweiten Kursarbeit?")
kursarbeit2 = int(kursarbeit2)
schriftlicheNote = (kursarbeit1+kursarbeit2)/2
hue1=easygui.enterbox("Note der ersten Hausaufgabenüberprüfung?")
hue1 = int(hue1)
hue2=easygui.enterbox("Note der zweiten Hausaufgabenüberprüfung?")
hue2 = int(hue2)
epo1=easygui.enterbox("Note der ersten Epo?")
epo1 = int(epo1)
epo2=easygui.enterbox("Note der zweiten Epo?")
epo2 = int(epo2)
refnote=easygui.enterbox("Note für das Referat?")
refnote = int(refnote)
muendlicheNote=(hue1+hue2+epo1+epo2+refnote)/5
endnote=schriftlicheNote*0.4+muendlicheNote*0.6
schriftlicheNote = str(schriftlicheNote)
muendlicheNote = str(muendlicheNote)
endnote = str(endnote)
easygui.msgbox("Deine schriftliche Note ist: "+schriftlicheNote)
easygui.msgbox("Deine muendliche Note ist: "+muendlicheNote)
easygui.msgbox("Deine Endnote in Informatik ist: "+endnote)
```

#Anmerkung in der EasyGui-Messagebox kann eine Variable nur im String-Format angehängt werden, weshalb vorher das Typecasting durchgeführt wird.

Großprojekt „Rechentrainer"

Hier werden verschiedene Lösungsvarianten dargestellt:

Lösung mit EASY-GUI:

```
import easygui

klasse = easygui.enterbox("In welcher Klassenstufe bist du? Gebe 1 für 1. Klasse, 2 für 2.
Klasse usw. ein!")
klasse = int(klasse)

if klasse == 1:
    zaehler = 0
    easygui.msgbox("Du kannst hier das Plus-Rechnen üben!")
    for i in range (1,6):

        zahl1 = random.randint(1,11)
        zahl2 = random.randint(1,11)
        richtErgebnis = zahl1 + zahl2
        zahl1=str(zahl1)
        zahl2=str(zahl2)
        easygui.msgbox("  "+zahl1+" + " +zahl2)

        deinErgebnis = easygui.enterbox("Gebe dein Ergebnis ein!")
        deinErgebnis = int(deinErgebnis)

        if richtErgebnis == deinErgebnis:
            zaehler = zaehler+1
        else:
            zaehler = zaehler

        easygui.msgbox("Dein Ergebnis:"+str(zaehler)+" von 5 Aufgaben korrekt!")

if klasse == 2:
    rechenart = easygui.enterbox("Gebe für Plus eine 1 ein und für Minus eine 2")
    if rechenart == 1:
        zaehler = 0
        for i in range (1,6):
            zahl1 = random.randint(1,100)
            zahl2 = random.randint(1,100)
            richtErgebnis = zahl1 + zahl2
            zahl1=str(zahl1)
            zahl2=str(zahl2)
            easygui.msgbox("  "+zahl1+" + " +zahl2)

            deinErgebnis = easygui.enterbox("Gebe dein Ergebnis ein!")
            deinErgebnis = int(deinErgebnis)

            if richtErgebnis == deinErgebnis:
                zaehler = zaehler + 1
            else:
                zaehler = zaehler
```

```python
        easygui.msgbox("Dein Ergebnis:"+str(zaehler)+" von 5 Aufgaben korrekt!")


    if rechenart == 2:
        zaehler = 0
        for i in range (1,6):
            zahl1 = random.randint(1,100)
            zahl2 = random.randint(1,100)

            if zahl1 < zahl2:
                zahl3 = zahl1
                zahl1 = zahl2
                zahl2 = zahl3
            else:
                zahl1= zahl1
                zahl2 = zahl2

            richtErgebnis = zahl1 - zahl2
            zahl1=str(zahl1)
            zahl2=str(zahl2)
            easygui.msgbox("  "+zahl1+" - " +zahl2)

            deinErgebnis = easygui.enterbox("Gebe dein Ergebnis ein!")
            deinErgebnis = int(deinErgebnis)

            if richtErgebnis == deinErgebnis:
                zaehler = zaehler + 1
            else:
                zaehler = zaehler

            easygui.msgbox("Dein Ergebnis:"+str(zaehler)+" von 5 Aufgaben korrekt!")
if klasse == 3:
    rechenart = easygui.enterbox("Gebe für Plus eine 1 ein, für Minus eine 2, für
Mulitplikation eine 3")
    if rechenart == 1:
        zaehler = 0
        for i in range (1,6):
            zahl1 = random.randint(1,100)
            zahl2 = random.randint(1,100)
            richtErgebnis = zahl1 + zahl2
            zahl1=str(zahl1)
            zahl2=str(zahl2)
            easygui.msgbox("  "+zahl1+" + " +zahl2)

            deinErgebnis = easygui.enterbox("Gebe dein Ergebnis ein!")

            if richtErgebnis == deinErgebnis:
                zaehler = zaehler + 1
            else:
                zaehler = zaehler

            easygui.msgbox("Dein Ergebnis:"+str(zaehler)+" von 5 Aufgaben korrekt!")
```

```python
    if rechenart == 2:
        zaehler = 0
        for i in range (1,6):
            zahl1 = random.randint(1,100)
            zahl2 = random.randint(1,100)

            if zahl1 < zahl2:
                zahl3 = zahl1
                zahl1 = zahl2
                zahl2 = zahl3
            else:
                zahl1= zahl1
                zahl2 = zahl2

            richtErgebnis = zahl1 - zahl2
            zahl1=str(zahl1)
            zahl2=str(zahl2)
            easygui.msgbox("  "+zahl1+" - " +zahl2)

            deinErgebnis = easygui.enterbox("Gebe dein Ergebnis ein!")
            deinErgebnis = int(deinErgebnis)

            if richtErgebnis == deinErgebnis:
                zaehler = zaehler + 1
            else:
                zaehler = zaehler

            easygui.msgbox("Dein Ergebnis:"+str(zaehler)+" von 5 Aufgaben korrekt!")

    if rechenart == 3:
        zaehler = 0
        for i in range (1,6):
            zahl1 = random.randint(1,100)
            zahl2 = random.randint(1,100)
            zahl1=str(zahl1)
            zahl2=str(zahl2)
            easygui.msgbox("  "+zahl1+" * " +zahl2)

            deinErgebnis = easygui.enterbox("Gebe dein Ergebnis ein!")
            deinErgebnis = int(deinErgebnis)

            if richtErgebnis == deinErgebnis:
                zaehler = zaehler + 1
            else:
                zaehler = zaehler

            easygui.msgbox("Dein Ergebnis:"+str(zaehler)+" von 5 Aufgaben korrekt!")


if klasse == 4:

    rechenart = easygui.enterbox("Gebe für Plus eine 1 ein, für Minus eine 2, für
Mulitplikation eine 3 und 4 für Teilen ein")
```

```python
if rechenart == 1:
    zaehler = 0
    for i in range (1,6):
        zahl1 = random.randint(1,100)
        zahl2 = random.randint(1,100)
        richtErgebnis = zahl1 + zahl2
        zahl1=str(zahl1)
        zahl2=str(zahl2)
        easygui.msgbox(" "+zahl1+" + " +zahl2)

        deinErgebnis = easygui.enterbox("Gebe dein Ergebnis ein!")

        if richtErgebnis == deinErgebnis:
            zaehler = zaehler + 1
        else:
            zaehler = zaehler

        easygui.msgbox("Dein Ergebnis:"+str(zaehler)+" von 5 Aufgaben korrekt!")

if rechenart == 2:
    zaehler = 0
    for i in range (1,6):
        zahl1 = random.randint(1,100)
        zahl2 = random.randint(1,100)

        if zahl1 < zahl2:
            zahl3 = zahl1
            zahl1 = zahl2
            zahl2 = zahl3
        else:
            zahl1= zahl1
            zahl2 = zahl2

        richtErgebnis = zahl1 - zahl2
        zahl1=str(zahl1)
        zahl2=str(zahl2)
        easygui.msgbox(" "+zahl1+" - " +zahl2)

        deinErgebnis = easygui.enterbox("Gebe dein Ergebnis ein!")
        deinErgebnis = int(deinErgebnis)

        if richtErgebnis == deinErgebnis:
            zaehler = zaehler + 1
        else:
            zaehler = zaehler

        easygui.msgbox("Dein Ergebnis:"+str(zaehler)+" von 5 Aufgaben korrekt!")

if rechenart == 3:
    zaehler = 0
    for i in range (1,6):
        zahl1 = random.randint(1,100)
        zahl2 = random.randint(1,100)
        zahl1=str(zahl1)
```

```python
        zahl2=str(zahl2)
        easygui.msgbox("  "+zahl1+" * " +zahl2)

        deinErgebnis = easygui.enterbox("Gebe dein Ergebnis ein!")
        deinErgebnis = int(deinErgebnis)

        if richtErgebnis == deinErgebnis:
            zaehler = zaehler + 1
        else:
            zaehler = zaehler

        easygui.msgbox("Dein Ergebnis:"+str(zaehler)+" von 5 Aufgaben korrekt!")

if rechenart == 4:
    zaehler = 0
    for i in range (1,6):
        zahl1 = random.randint(1,100)
        zahl2 = random.randint(1,100)
        print"1.Zahl:", zahl1
        print" / 2.Zahl:", zahl2

        if zahl1 < zahl2:
            zahl3 = zahl1
            zahl1 = zahl2
            zahl2 = zahl3

        easygui.msgbox("  "+zahl1+" / " +zahl2)

        deinErgebnis = easygui.enterbox("Gebe dein Ergebnis ein!")
        deinErgebnis = int(deinErgebnis)

        if richtErgebnis == deinErgebnis:
            zaehler = zaehler + 1
        else:
            zaehler = zaehler

        easygui.msgbox("Dein Ergebnis:"+str(zaehler)+" von 5 Aufgaben korrekt!")
```

Kapitel 10

Aufgabe 1:

```
def loslaufen():
    for i in range (1,7):
        kara.move()

def umdrehen():
    for i in range (1,3):
        kara.turnRight()

def einsrunter():
    kara.turnLeft()
    kara.move()
    kara.turnLeft()

for i in range (1,5):
    loslaufen()
    umdrehen()
    loslaufen()
    einsrunter()
```

Aufgabe 2:

```
while not kara.onLeaf():
    kara.move()
    while kara.treeLeft() and not kara.treeFront():
        kara.move()
    if not kara.treeLeft():
        kara.turnLeft()
```

Aufgabe 3:

```
for i in range (0,4):
    for i in range (0,5):
        kara.move()
    for i in range (0,2):
        kara.turnRight()
    for i in range (0,5):
        kara.move()
    kara.turnLeft()
    kara.move()
    kara.turnLeft()
```

Aufgabe 4:

```
while not kara.treeFront():
    kara.move()

if kara.treeFront():
    kara.turnLeft

while not kara.treeFront():
    kara.move()

if kara.treeFront():
    kara.turnLeft()


while kara.treeLeft():
    kara.move()

kara.turnLeft()

while not kara.treeFront():
    kara.move()

if kara.treeFront():
    kara.turnRight()
```

Kapitel 11

Übungsaufgabe zu Kapitel 11:

```
inhalt=open("C:/uebungsdatei.txt","r")
for line in inhalt:
    print(line.rstrip())
inhalt.close()

datei=open("C:/uebungsdatei.txt","a")
datei.write("\und hier geht das Gedicht weiter")
datei.close()
```

Kapitel 13

Übungsaufgaben zu Kapitel 13:

Aufgabe 1:

Vorbereitung im QT-Designer:

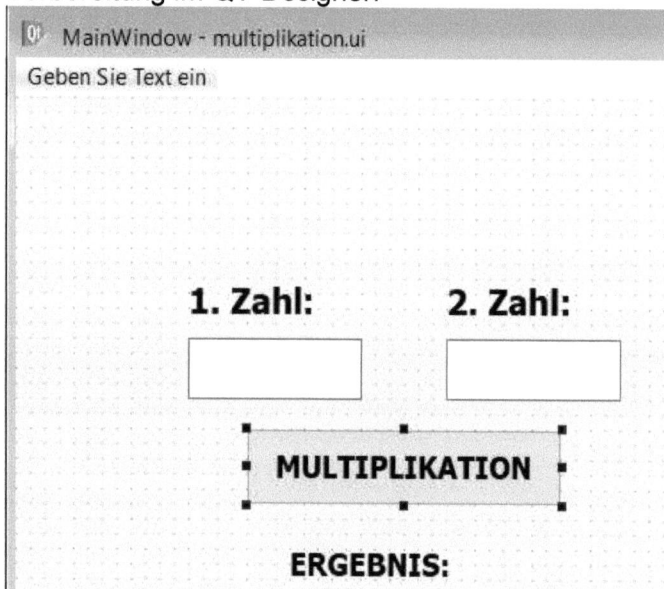

Objekte:

Wichtig, alle Dateien, die zur GUI-Anwendung gehören an einem Ort speichern!

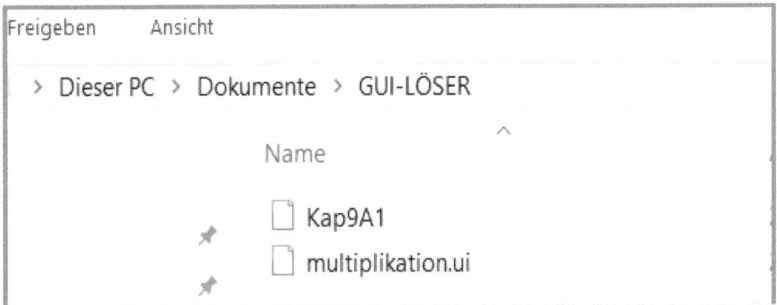

Objekte (Klare Bezeichnung wichtig wegen Programmierung):

```
import sys
from PyQt4 import QtCore, QtGui, uic

form_class = uic.loadUiType("multiplikation.ui")[0]

class Fenster(QtGui.QMainWindow, form_class):
    def __init__(self, parent=None):
        QtGui.QMainWindow.__init__(self, parent)
        self.setupUi(self)
        self.multi.clicked.connect(self.multi_clicked)

    def multi_clicked(self):
        z1 = float(self.zahl1.text())
        z2 = float(self.zahl2.text())
        erg = z1*z2
        self.ergebnis.setText(str(erg))

app = QtGui.QApplication(sys.argv)
meinFenster = Fenster()
meinFenster.show()
app.exec_()
```

Aufgabe 2)

GUI:

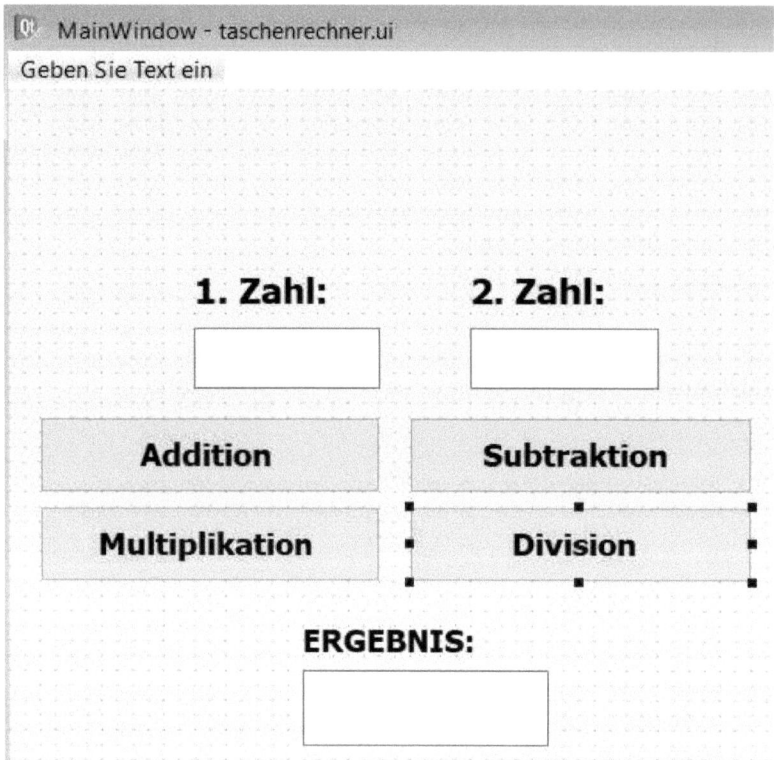

Objekte:

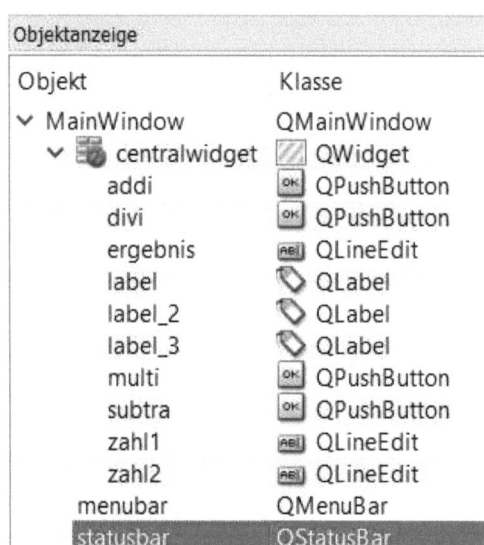

```python
import sys

from PyQt4 import QtCore, QtGui, uic

form_class = uic.loadUiType("taschenrechner.ui")[0]

class Fenster(QtGui.QMainWindow, form_class):
    def __init__(self, parent=None):
        QtGui.QMainWindow.__init__(self, parent)
        self.setupUi(self)
        self.multi.clicked.connect(self.multi_clicked)
        self.addi.clicked.connect(self.addi_clicked)
        self.subtra.clicked.connect(self.subtra_clicked)
        self.divi.clicked.connect(self.divi_clicked)

    def multi_clicked(self):
        z1 = float(self.zahl1.text())
        z2 = float(self.zahl2.text())
        erg = z1*z2
        self.ergebnis.setText(str(erg))

    def addi_clicked(self):
        z1 = float(self.zahl1.text())
        z2 = float(self.zahl2.text())
        erg = z1+z2
        self.ergebnis.setText(str(erg))

    def subtra_clicked(self):
        z1 = float(self.zahl1.text())
        z2 = float(self.zahl2.text())
        erg = z1-z2
        self.ergebnis.setText(str(erg))

    def divi_clicked(self):
        z1 = float(self.zahl1.text())
        z2 = float(self.zahl2.text())
        erg = z1/z2
        self.ergebnis.setText(str(erg))

app = QtGui.QApplication(sys.argv)
meinFenster = Fenster()
meinFenster.show()
app.exec_()
```

Aufgabe 3)

GUI:

BMI-Rechner

Gewicht: **Körpergröße (in Meter):**

Berechnen

ERGEBNIS:

Objekte:

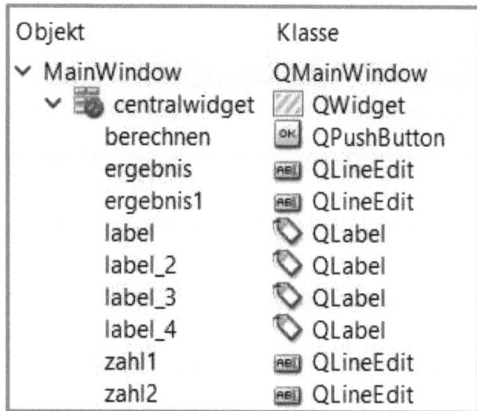

Objekt	Klasse
∨ MainWindow	QMainWindow
∨ centralwidget	QWidget
berechnen	QPushButton
ergebnis	QLineEdit
ergebnis1	QLineEdit
label	QLabel
label_2	QLabel
label_3	QLabel
label_4	QLabel
zahl1	QLineEdit
zahl2	QLineEdit

```python
import sys
from PyQt4 import QtCore, QtGui, uic
form_class = uic.loadUiType("bmi.ui")[0]

class Fenster(QtGui.QMainWindow, form_class):
    def __init__(self, parent=None):
        QtGui.QMainWindow.__init__(self, parent)
        self.setupUi(self)
        self.berechnen.clicked.connect(self.berechnen_clicked)

    def berechnen_clicked(self):
        z1 = float(self.zahl1.text())
        z2 = float(self.zahl2.text())

        erg = z1/(z2*z2)
        self.ergebnis.setText(str(erg))
        if erg >40:
            self.ergebnis1.setText("Adipositas")
        elif erg>30:
            self.ergebnis1.setText("Übergewicht")
        elif erg>20:
            self.ergebnis1.setText("Normalgewicht")
        elif erg<=20:
            self.ergebnis1.setText("Untergewicht")

app = QtGui.QApplication(sys.argv)
meinFenster = Fenster()
meinFenster.show()
app.exec_()
```

Kapitel 14

Aufgabe 1)

Bei dieser Version:

```
import pygame
pygame.init()
screen = pygame.display.set_mode([640, 480])
screen.fill([255,255,255])
pygame.draw.circle(screen, [250,120,0], [320,240],20,0)
pygame.display.flip()

x=320
y=240
x_tempo=10
y_tempo=10

aktiv = True

while aktiv:
    for event in pygame.event.get():
        if event.type == pygame.QUIT:
            aktiv = False
    pygame.time.delay(30)
    pygame.draw.circle(screen, [200,50,255], [x, y], 20,0)
    x=x+x_tempo
    y=y+y_tempo

    if x>620 or x<0:
        x_tempo = -x_tempo

    if y>460 or y<0:
        y_tempo = -y_tempo
    pygame.draw.circle(screen, [0,0,0], [x,y],20,0)
    pygame.display.flip()

pygame.quit()
```

Großprojekt zur Spieleprogrammierung

```python
import pygame
import time
import random


pygame.init()

display_breite = 800
display_hoehe= 600


schwarz = (0,0,0)
weiss = (255,255,255)
rot = (255,99,71)
gruen = (0,200,0)
dunkel_rot = (255,0,0)
dunkel_gruen = (0,255,0)

rakete_breite = 108

gameDisplay = pygame.display.set_mode((display_breite,display_hoehe))
pygame.display.set_caption('Raketenspiel')


clock = pygame.time.Clock()


weltall =  pygame.image.load('Weltall.jpg')
rakete_G = pygame.image.load('rakete.png')
meteo =   pygame.image.load('meteroit.png')
background = pygame.image.load('Weltall1.jpg')
rakete = pygame.image.load('rakete.png')


def things_entkommen(count):
    font = pygame.font.SysFont(None, 25)
    text = font.render("Entkommen "+str(count), True, rot, schwarz)
    gameDisplay.blit(text,(0,0))

def things(thingx, thingy, thingw, thingh):
    gameDisplay.blit(meteo,[thingx, thingy, thingw, thingh])

def pferd_f(x,y):
    gameDisplay.blit(rakete_G,(x,y))

def text_objects(text, font):
    textSurface = font.render(text, True, weiss)
    return textSurface, textSurface.get_rect()

def message_display(text):
    largeText = pygame.font.Font('freesansbold.ttf',40)
```

```python
        TextSurf, TextRect = text_objects(text, largeText)
        TextRect.center = ((display_breite/2),(display_hoehe-450))
        gameDisplay.blit(TextSurf, TextRect)

        pygame.display.update()


        time.sleep(2)

        start_menu()


def crash():
    message_display('Gameover!')



def button(msg,x,y,b,h,ic,ac,action=None):
    maus = pygame.mouse.get_pos()
    click = pygame.mouse.get_pressed()

    if x+b > maus[0] > x and y+h > maus[1] > y:
        pygame.draw.rect(gameDisplay, ac,(x,y,b,h))

        if click[0] == 1 and action != None:
            if action == "play":
                spiel()
            elif action == "quit":
                pygame.quit()
                quit()
    else:
        pygame.draw.rect(gameDisplay, ic,(x,y,b,h))

    smallText = pygame.font.SysFont("comicsansms",20)
    textSurf, textRect = text_objects(msg, smallText)
    textRect.center = ( (x+(b/2)), (y+(h/2)) )
    gameDisplay.blit(textSurf, textRect)


def start_menu():

    intro = True

    while intro:
        for event in pygame.event.get():

            if event.type == pygame.QUIT:
                pygame.quit()
                quit()

        gameDisplay.blit(rakete,(0,0))

        largeText = pygame.font.SysFont("comicsansms",70)
        TextSurf, TextRect = text_objects("Raketenspiel", largeText)
```

```python
        TextRect.center = ((display_breite/2),(display_hoehe-500))

        gameDisplay.blit(TextSurf, TextRect)

        button("Start",150,450,170,50,gruen,dunkel_gruen,"play")
        button("Beenden",550,450,170,50,rot,dunkel_rot,"quit")



        pygame.display.update()
        clock.tick(15)
def spiel():
    x = 336
    y = 410

    x_change = 0



    thing_startx = random.randrange(0, display_breite)
    thing_starty = 600
    thing_speed = 4
    thing_breite = 70
    thing_hoehe = 70

    thingCount = 1

    entkommen = 0

    gameExit = False

    while not gameExit:

        for event in pygame.event.get():
            if event.type == pygame.QUIT:
                pygame.quit()
                quit()

            if event.type == pygame.KEYDOWN:
                if event.key == pygame.K_LEFT:
                    x_change = -5
                if event.key == pygame.K_RIGHT:
                    x_change = 5

            if event.type == pygame.KEYUP:
                if event.key == pygame.K_LEFT or event.key == pygame.K_RIGHT:
                    x_change = 0

        x += x_change

        gameDisplay.blit(weltall,(0,0))

        things(thing_startx, thing_starty, thing_breite, thing_hoehe)
```

```
        thing_starty += thing_speed
        pferd_f(x,y)

        things_entkommen(entkommen)

        if x >800 - rakete_breite or x < 0:
            crash()

        if thing_starty > display_hoehe:
            thing_starty = 0 - thing_hoehe
            thing_startx = random.randrange(0,display_breite)
            entkommen += 1
            thing_speed += 1

        if y < thing_starty+thing_hoehe:


            if x > thing_startx and x < thing_startx + thing_breite or x+rakete_breite >
thing_startx and x + rakete_breite < thing_startx+thing_breite:

                crash()

        pygame.display.update()
        clock.tick(60)

start_menu()
spiel()
pygame.quit()
quit()
```

Herstellung und Verlag:
BoD – Books on Demand, Norderstedt
ISBN: 978-3-7519-0096-6